FAIT MAISON N°1

par CYRIL LIGNAC

45 recettes du
quotidien

rapides & faciles

Éditions
de La Martinière

FAIT MAISON

Découvre dans ce nouveau livre 45 recettes salées et sucrées, toutes réalisées dans ma cuisine. Elles sont faciles à faire, la liste des courses est courte et accessible.

L'idée est de te proposer un plat et un dessert pour le quotidien. Pour le déjeuner ou le dîner, en solo, en duo, en famille ou entre amis, tu peux réaliser ces recettes et les adapter selon tes envies et tes besoins.

Et tu pourras dire :

« C'est moi qui l'ai fait ! »

Allez, en cuisine, ce n'est pas si compliqué
et on va le faire ensemble !
Laisse-toi guider, tu vas voir, on va se régaler !

Cyril Lignac

SOMMAIRE

SALÉ

Wok de légumes croquants et quinoa	8	Veau cuisiné à la crème de moutarde, asperges vertes et champignons	36
Toast à l'avocat, œuf mollet et légumes du printemps	10	Risotto à la milanaise	39
Croque-monsieur croustillant à la poêle	13	Poulet au citron façon tajine	41
Tartine œuf mimosa, thon et fromage frais	14	Boulettes sauce tomate basilic, penne, burrata	42
Velouté de carottes au curcuma, fromage frais et croûtons dorés	16	Lasagnes à la bolognaise	45
Blinis de pommes de terre, crème acidulée, truite fumée	19	Riz sauté aux saucisses et merguez	48
Soufflé au comté	20	Gratin dauphinois, cœur de laitue et vinaigrette acidulée	50
Galette de pommes de terre, salade de roquette et tomates	22	Poisson pané aux herbes, ketchup maison	52
Salade de bœuf mariné	25	Poisson au four à l'huile d'olive, vierge de légumes	55
Risotto coquillette jambon	26	Saumon bouillon thaï, riz aux petits pois	56
Macaronis au ragoût à la tomate, mozzarella	29		
Penne au pesto d'amande et basilic	30		
Légumes cuisinés aux épices, œuf cassé	32		
Curry coco de volaille, pomme verte	34		

SOMMAIRE

SUCRÉ

Cookies aux deux chocolats	60
Mousse au chocolat, cacahuètes caramélisées	62
Beignets aux pommes	65
Pancakes à la banane, sauce caramel	68
Biscuit roulé chocolat noisette	71
Brownie aux noix de pécan caramélisées	74
Pain perdu aux framboises	77
Tarte aux fraises	79
Salade de fraises à la fleur d'oranger, crème légère	83
Clafoutis aux poires	84
Financier aux framboises	87
Soupe de chocolat au lait, glace vanille	89
Brochettes de bananes caramélisées aux épices douces	90
Œufs en neige au citron vert, crème anglaise à la vanille	93
Petits pots de crème à la vanille	95
Biscuit coulant au chocolat	96
Cake marbré au chocolat	98
Crumble sans gluten pommes cannelle	101
Graines de chia au lait de coco, fruits de saison	103
Moelleux au chocolat, framboises et glace vanille	104
Milk-shake fraise-bananes-framboise	106
Index par produits	109

FAIT MAISON
SALÉ

FAIT MAISON SALÉ

WOK DE LÉGUMES CROQUANTS ET QUINOA

TEMPS DE PRÉPARATION : 30 MINUTES - TEMPS DE CUISSON : 35 MINUTES

POUR 4 PERSONNES

100 g de quinoa
1 oignon
2 carottes
2 pommes de terre
1 brocoli ou 1 chou-fleur
1 sucrine ou 1 salade
1 cuil. à soupe de sauce soja
1 cuil. à café de miel
1 cuil. à soupe de vinaigre de vin
2 œufs
Cacahuètes grillées salées
Coriandre fraîche
Huile d'olive
Gros sel

ÉTAPE 1
Dans une casserole d'eau salée froide, verse le quinoa et laisse-le cuire 15 minutes à feu moyen. Au terme de la cuisson, ne le rince pas. Réserve.

ÉTAPE 2
Pèle et cisèle l'oignon et fais-le revenir sans coloration dans un wok ou une sauteuse avec un trait d'huile d'olive. Pèle et coupe les carottes en deux dans la longueur, puis en rondelles d'1,5 cm d'épaisseur. Fais de même avec les pommes de terre. Ajoute les légumes dans le wok, mélange, verse un filet d'huile d'olive, mélange de nouveau. Ajoute un peu d'eau et couvre. Laisse cuire 10 minutes.

ÉTAPE 3
Détaille le brocoli ou le chou-fleur en fleurettes, intègre-les dans le wok et laisse cuire encore 10 minutes.

ÉTAPE 4
Coupe la sucrine ou une autre salade en fines lamelles d'1,5 cm de large. Réserve.

ÉTAPE 5
Dans un petit bol, mélange la sauce soja, le miel et le vinaigre de vin. Déglace le wok de légumes avec la sauce, puis ajoute le quinoa. Bats les œufs en omelette, verse-les à travers une passette au-dessus du wok de légumes en mélangeant bien.

ÉTAPE 6
Répartis les légumes dans les assiettes, ajoute la sucrine. Parsème de cacahuètes concassées et de quelques feuilles de coriandre.

CONSEIL :
Si tu n'as pas de cacahuètes,
tu peux parsemer ces légumes
de noisettes, pistaches
ou amandes concassées.

FAIT MAISON SALÉ

TOAST À L'AVOCAT, ŒUF MOLLET ET LÉGUMES DU PRINTEMPS

TEMPS DE PRÉPARATION : 20 MINUTES - TEMPS DE CUISSON : 6 MINUTES

POUR 4 PERSONNES

4 tranches de pain de campagne épaisses
2 avocats
Le jus de 2 citrons jaunes
Quelques feuilles de coriandre
Quelques feuilles de cerfeuil
4 œufs
2 à 3 oignons nouveaux
Quelques radis
1 courgette
100 g de petits pois frais cuits
Huile d'olive
Sel fin, fleur de sel et piment d'Espelette

ÉTAPE 1
Cisèle les feuilles de coriandre et le cerfeuil. Dans un petit saladier, écrase la chair des avocats avec une fourchette, ajoute le jus de citron et les herbes, assaisonne avec du sel fin et du piment d'Espelette.

ÉTAPE 2
Dans une casserole d'eau bouillante, plonge délicatement les œufs 6 minutes. Égoutte-les et plonge-les dans un bain d'eau glacée, écale-les dans ce même bain, coupe-les en deux et réserve.

ÉTAPE 3
Émince les oignons nouveaux. Équeute, lave et coupe les radis en quartiers. Coupe les extrémités de la courgette et fais des lamelles à l'aide d'un économe. Forme des rouleaux.

ÉTAPE 4
Assaisonne les petits pois et les radis avec un peu d'huile d'olive, de jus de citron et de sel fin.

ÉTAPE 5
Toaste les tranches de pain. Dépose sur les toasts : l'écrasé d'avocat, les œufs, les petits pois, les rouleaux de courgette, les oignons nouveaux et les radis. Parsème de fleur de sel et de piment d'Espelette.

CONSEIL :
Remplace l'emmental par du parmesan ou du gruyère râpé.

FAIT MAISON SALÉ

CROQUE-MONSIEUR CROUSTILLANT À LA POÊLE

TEMPS DE PRÉPARATION : 10 MINUTES - TEMPS DE CUISSON : 6 MINUTES

POUR 4 PERSONNES

16 tranches de pain de mie frais
4 tranches de jambon blanc
1 botte de ciboulette
100 g de beurre
200 g d'emmental râpé
1 œuf
10 cl de crème liquide entière
Muscade ou cumin en poudre
Sel fin et poivre du moulin

ÉTAPE 1
Coupe des tranches de pain de mie si ce n'est pas taillé. Cisèle la ciboulette. Garde-la de côté.
Fais fondre le beurre.

ÉTAPE 2
Dans un robot ou le bol d'un mixeur, mixe le fromage râpé, l'œuf et la crème, assaisonne avec du sel, du poivre et parfume de muscade ou de cumin.
Il faut que la pâte soit un peu lisse.

ÉTAPE 3
Nappe les tranches de pain de mie avec ce mélange, dépose le jambon blanc sur 8 tranches, referme avec les 8 autres tranches. Coupe les bords.
Badigeonne de beurre fondu à l'aide d'un pinceau les deux côtés des tranches de pain.

ÉTAPE 4
Dans une poêle, verse un peu de beurre fondu qui reste, mets les croques et fais-les dorer sur les deux faces. Place-les sur une planche, taille-les en deux au couteau, dépose-les sur les assiettes à cheval et parsème de ciboulette ciselée.

FAIT MAISON SALÉ

TARTINE ŒUF MIMOSA, THON ET FROMAGE FRAIS

TEMPS DE PRÉPARATION : 12 MINUTES - TEMPS DE CUISSON : 9 MINUTES

POUR 4 PERSONNES

4 tranches de pain de campagne
4 œufs frais
½ botte de ciboulette
1 trait d'huile d'olive
4 cornichons
1 boîte de thon à l'huile d'olive
1 boîte de fromage frais
1 citron jaune bio
Piment d'Espelette
Sel fin et poivre du moulin

ÉTAPE 1
Fais griller les tranches de pain. Lave, sèche et cisèle la ciboulette.

ÉTAPE 2
Fais chauffer de l'eau dans une casserole pour faire des œufs durs, fais-les cuire 9 minutes. Plonge les œufs dans de l'eau froide pour arrêter la cuisson et écale-les.
Coupe-les en deux dans la longueur, sépare les blancs des jaunes. Hache les blancs et les jaunes ensemble au couteau sur une planche, dépose dans un saladier, ajoute un filet d'huile d'olive et la ciboulette ciselée.

ÉTAPE 3
Coupe les cornichons en petits dés, mélange-les avec le thon à l'huile d'olive et le fromage frais. Ajoute le jus du citron, assaisonne avec du piment d'Espelette, du sel et du poivre.

ÉTAPE 4
Tartine les tranches de pain du mélange thon-fromage frais, recouvre d'œufs émiettés. Décore avec 1 brin de ciboulette et zeste un peu de citron jaune.

FAIT MAISON SALÉ

VELOUTÉ DE CAROTTES AU CURCUMA, FROMAGE FRAIS ET CROÛTONS DORÉS

TEMPS DE PRÉPARATION : 30 MINUTES - TEMPS DE CUISSON : 28 MINUTES

POUR 4 PERSONNES

250 g de carottes
100 g de fromage frais
(Kiri® ou Saint-Môret®)
ou de ricotta
35 cl de crème liquide
40 g de beurre doux
2 g de curcuma en poudre
Quelques noisettes
Croûtons dorés
4 petites feuilles
de menthe fraîche
Sel fin et poivre du moulin

ÉTAPE 1

Pèle et coupe les carottes en rondelles, mets-les à cuire dans une casserole d'eau bouillante salée, 28 minutes.

ÉTAPE 2

Dans un petit saladier, fouette le fromage frais avec 10 cl de crème pour qu'il soit bien lisse. Place au frais.

ÉTAPE 3

Égoutte les carottes et verse-les dans le mixeur, ajoute un peu d'eau de cuisson, le beurre, le reste de crème et le curcuma en poudre, mixe. La consistance doit être veloutée.
Sale et poivre.

ÉTAPE 4

Dans chaque bol, verse le velouté chaud, dépose au centre 1 cuillerée de crème de fromage frais, des noisettes concassées et des croûtons. Décore avec 1 feuille de menthe fraîche.

CONSEIL :

Remplace le curcuma par du cumin ou du curry, et les noisettes par des amandes ou des pistaches, en fonction de ce que tu as dans tes placards.

CONSEIL :
Il vaut mieux assaisonner la purée de pommes de terre avant d'incorporer les blancs en neige, car ensuite le mélange sera fragile.

FAIT MAISON SALÉ

BLINIS DE POMMES DE TERRE, CRÈME ACIDULÉE, TRUITE FUMÉE

TEMPS DE PRÉPARATION : 20 MINUTES - TEMPS DE CUISSON : 20 MINUTES

POUR 4 PERSONNES

4 tranches de truite fumée ou de saumon fumé
150 g de pommes de terre
2 œufs
Muscade ou cumin en poudre
1 échalote
10 cl de crème fraîche ou crème crue
1 botte de ciboulette et/ou d'aneth
1 trait d'huile d'olive
Le jus d'1 citron jaune
Gros sel
Huile de tournesol pour la cuisson
Sel fin et poivre du moulin ou piment d'Espelette

ÉTAPE 1
Épluche les pommes de terre, coupe-les en dés, rince-les, puis mets-les à cuire dans une casserole d'eau bouillante avec du gros sel pendant 12 minutes. Au terme de la cuisson, égoutte-les dans un saladier, écrase-les à la fourchette. Réserve.

ÉTAPE 2
Sépare les blancs des jaunes d'œufs. Mélange les jaunes avec la purée de pommes de terre. Sale, poivre et parfume de muscade ou de cumin. Bats les blancs en neige, puis incorpore-les délicatement dans la purée à l'aide d'une maryse.

ÉTAPE 3
Épluche et émince l'échalote, cisèle les herbes, dépose le tout dans un petit saladier avec la crème épaisse, ajoute un trait d'huile d'olive et le jus de citron, assaisonne avec du sel et du poivre ou du piment d'Espelette, réserve au frais.

ÉTAPE 4
Détaille la truite ou le saumon en lanières. Réserve.

ÉTAPE 5
Dans une poêle chaude huilée à l'aide d'un papier absorbant, dépose 1 cuillerée à soupe de la pâte de pomme de terre pour former un blini, renouvelle l'opération plusieurs fois. Attends que des bulles se forment à la surface, retourne les blinis et laisse colorer, environ 1 minute.

ÉTAPE 6
Dépose les blinis dans les assiettes. Nappe de sauce acidulée, répartis les lanières de truite ou de saumon fumé, puis décore d'1 brin d'aneth et/ou de ciboulette.

FAIT MAISON SALÉ

SOUFFLÉ AU COMTÉ

TEMPS DE PRÉPARATION : 20 MINUTES - TEMPS DE CUISSON : 18 MINUTES

POUR 4 PERSONNES

100 g de comté râpé
4 œufs
50 g de beurre
50 g de farine
50 cl de lait entier
Muscade ou cumin en poudre
Beurre en pommade et chapelure pour le moule
Sel fin et poivre du moulin

CONSEILS

- Tu peux chemiser les moules beurrés avec de la farine, mais la chapelure apporte un côté croustillant. À la place du comté, tu peux utiliser de l'emmental ou du gruyère.

- Si tu veux réaliser un gros soufflé de 4 personnes, compte 25 à 30 minutes de cuisson.

ÉTAPE 1
Préchauffe le four à 200 °C.
Beurre des moules individuels de bas en haut et verse de la chapelure fine dedans pour recouvrir le beurre, fais bien le tour des moules, tape les moules pour retirer l'excédent de chapelure.

ÉTAPE 2
Casse les œufs, sépare les blancs des jaunes, garde-les séparément.

ÉTAPE 3
Dans une casserole, fais fondre le beurre sans coloration, ajoute la farine, forme un roux. Laisse cuire quelques minutes à feu doux, puis verse le lait en remuant. Laisse cuire en béchamel, environ 8 minutes en remuant. Sale, poivre et parfume de muscade ou de cumin. Incorpore le fromage râpé. Mélange. Retire du feu, verse dans un saladier et ajoute les jaunes d'œufs.

ÉTAPE 4
Monte les blancs d'œufs en neige. Mélange les deux appareils délicatement à la maryse.

ÉTAPE 5
Verse la pâte dans les moules et enfourne pour 10 minutes. À la sortie du four, sers sans attendre.

FAIT MAISON SALÉ

GALETTE DE POMMES DE TERRE, SALADE DE ROQUETTE ET TOMATES

TEMPS DE PRÉPARATION : 30 MINUTES - TEMPS DE CUISSON : 20 MINUTES

POUR 4 PERSONNES

150 g de pommes de terre
130 g de fromage (emmental, gruyère ou parmesan)
4 cl de crème liquide entière
40 g de farine
1 œuf + 1 jaune
200 g de roquette
100 g de tomates cerise
4 cuil. à soupe d'huile d'olive + 1 trait pour la cuisson
2 cuil. à soupe de vinaigre balsamique blanc ou de vinaigre au choix
Gros sel
Sel fin et poivre du moulin

CONSEIL

Si tu n'as pas de roquette ou n'aimes pas ça, tu peux la remplacer par n'importe quelle autre salade.

ÉTAPE 1
Épluche les pommes de terre, coupe-les en dés, rince-les, puis mets-les à cuire dans une casserole d'eau bouillante avec du gros sel pendant 12 minutes.

ÉTAPE 2
Coupe trois quarts du fromage en petits dés, fais des copeaux pour la déco et râpe le reste pour la galette.

ÉTAPE 3
Au terme de la cuisson des pommes de terre, égoutte-les dans un saladier, écrase-les à la fourchette. Mélange la purée avec la crème, la farine, le fromage en cubes, le fromage râpé, les œufs, sale, poivre et réserve.

ÉTAPE 4
Dans un saladier, dépose la roquette. Dans un petit ramequin, fouette l'huile d'olive avec le vinaigre. Coupe les tomates cerise en quartiers.

ÉTAPE 5
Dans une poêle, verse un trait d'huile d'olive, laisse chauffer, puis étale la purée assaisonnée et laisse dorer 4 minutes de chaque côté, sur feu moyen.

ÉTAPE 6
Dépose la galette dans une assiette avec la salade et les tomates assaisonnées de vinaigrette, parsème de copeaux de fromage.

FAIT MAISON SALÉ

SALADE DE BŒUF MARINÉ

TEMPS DE PRÉPARATION : 15 MINUTES · TEMPS DE MARINADE : 15 À 20 MINUTES
TEMPS DE CUISSON : 6 MINUTES

POUR 4 PERSONNES

240 g d'onglet de bœuf
2 cuil. à café de moutarde
25 cl d'huile d'olive
2 cuil. à soupe de vinaigre balsamique rouge
1 citron jaune
½ botte de coriandre
1 gousse d'ail
1 piment oiseau
2 citrons verts
6 cuil. à soupe d'huile d'olive
100 g de tomates cerise
1 boîte de maïs cuit
1 botte de radis de couleur ou roses
4 belles poignées de mâche
25 g de noix de cajou salées
Sel fin et poivre du moulin

ÉTAPE 1

Assaisonne la pièce de viande et coupe-la en deux. Épluche et taille l'ail en morceaux.
Dans un plat, verse la moutarde, l'huile d'olive, 1 cuillère à soupe de vinaigre, le jus d'1 demi-citron vert et la seconde moitié en quartiers, quelques feuilles de coriandre, 3 cuillerées à soupe d'eau. Ajoute le piment oiseau et l'ail en morceaux. Dépose la pièce de viande. Laisse mariner à température ambiante 15 à 20 minutes.

ÉTAPE 2

Dans un bol, mélange le jus d'1 citron jaune avec l'huile d'olive pour assaisonner la salade.

ÉTAPE 3

Coupe les tomates cerise lavées en deux ou quatre, effeuille la coriandre restante. Lave et équeute les radis et coupe-les en quartiers. Rince le maïs. Lave bien et essore la mâche.

ÉTAPE 4

Égoutte et grille la pièce de viande en fonction de la cuisson voulue, retire de la cuisson, déglace la poêle avec le jus d'un demi-citron vert restant et 1 cuillerée de vinaigre balsamique, garde le jus de côté. Dépose la viande sur une planche et découpe-la en lanières.

ÉTAPE 5

Assaisonne la salade composée de mâche, maïs, tomates, radis avec la vinaigrette au citron. Dépose dans un joli plat ou dans des assiettes individuelles, ajoute les lanières de viande, verse le jus de cuisson de la poêle et parsème de noix de cajou. Dépose le demi-citron vert en quartier.

FAIT MAISON SALÉ

RISOTTO DE COQUILLETTES JAMBON

TEMPS DE PRÉPARATION : 20 MINUTES - TEMPS DE CUISSON : 20 MINUTES

POUR 4 PERSONNES

360 g de coquillettes
4 tranches de jambon blanc
1 cube de bouillon de volaille
1 oignon
1 gousse d'ail
2 cuil. à soupe de crème fraîche
50 g de parmesan râpé
1 botte de ciboulette
Huile d'olive
Sel et poivre

CONSEIL

Tu peux remplacer le parmesan par du comté, de l'emmental ou du gruyère râpé.

ÉTAPE 1

Fais bouillir 1,5 litre d'eau dans une casserole et mets-y à dissoudre le cube de bouillon.

ÉTAPE 2

Épluche et émince l'ail et l'oignon. Fais-les suer 3 minutes dans une autre casserole avec un peu d'huile d'olive, puis ajoute les coquillettes et laisse-les cuire sans dorer 2 à 3 minutes.

ÉTAPE 3

Verse une louche de bouillon pour mouiller à hauteur des coquillettes et mélange jusqu'à absorption, remue, recommence l'opération pendant 12 minutes jusqu'à ce que les coquillettes soient cuites.

ÉTAPE 4

Roule les tranches de jambon et coupe-les en lamelles de 0,5 cm. Cisèle la ciboulette.

ÉTAPE 5

Une fois que les coquillettes sont cuites, incorpore la crème et mélange bien pour que la cuisson soit fondante. Ajoute, hors du feu, le parmesan râpé. Mélange. Poivre et sale si besoin. Intègre le jambon. Mélange délicatement.

ÉTAPE 6

Répartis ce risotto de coquillettes dans les assiettes, parsème de ciboulette ciselée.

FAIT MAISON SALÉ

MACARONIS AU RAGOÛT À LA TOMATE, MOZZARELLA

TEMPS DE PRÉPARATION : 20 MINUTES - TEMPS DE CUISSON : 40 À 50 MINUTES

POUR 4 PERSONNES

320 g de macaronis secs
700 g de chair à saucisse de chez le boucher
1 oignon
1 boîte de tomates pelées avec coulis de 450 g
2 boules de mozzarella de 125 g chacune
50 g de parmesan
Herbes (basilic, origan, thym, laurier)
Huile d'olive
Gros sel
Sel fin et poivre du moulin

ÉTAPE 1
Épluche et émince l'oignon. Dans une sauteuse, verse un trait d'huile d'olive, laisse chauffer, puis fais suer l'oignon avec une légère coloration. Ajoute la chair à saucisse, écrase bien pour que la viande se défasse. Laisse cuire 8 à 10 minutes, pour évaporer l'eau naturelle.

ÉTAPE 2
Assaisonne avec du sel et du poivre du moulin. Ajoute les herbes de ton choix (basilic, thym, laurier, origan), puis les tomates pelées, mélange et laisse cuire à petite ébullition pendant 20 à 30 minutes. Veille que cela n'attache pas au fond.

ÉTAPE 3
Fais bouillir une casserole d'eau avec un peu de gros sel et plonges-y les macaronis. Laisse cuire 8 minutes.

ÉTAPE 4
Pendant que les macaronis cuisent, taille la mozzarella en cubes. Garde de côté.

ÉTAPE 5
Égoutte les macaronis, mélange-les bien avec la viande et ajoute la mozzarella. Répartis dans les assiettes. Râpe du parmesan au-dessus et décore de quelques feuilles de basilic ou d'une autre herbe.

FAIT MAISON SALÉ

PENNE AU PESTO D'AMANDE ET BASILIC

TEMPS DE PRÉPARATION : 12 MINUTES - TEMPS DE CUISSON : 10 MINUTES

POUR 4 PERSONNES

350 g de penne
55 g de poudre d'amandes
1 gousse d'ail
40 g de feuilles de basilic frais
+ pour le décor
50 g de parmesan râpé
+ pour le décor
8 cuil. à soupe d'huile d'olive
Le zeste et le jus d'1 citron jaune bio + son zeste
Sel fin et poivre du moulin

CONSEILS

- Tu peux réaliser ce pesto avec de la poudre de noisettes ou des pignons de pin. Tu peux aussi utiliser d'autres pâtes en fonction de ce que tu as dans tes placards.
- Conserve le pesto restant dans des bacs à glaçons au congélateur. Tu t'en serviras à la prochaine occasion.

ÉTAPE 1
Épluche l'ail. Lave et sèche bien le basilic.

ÉTAPE 2
Verse dans le bol du blender ou dans un hachoir la poudre d'amandes, la gousse d'ail, le parmesan, les feuilles de basilic, verse l'huile d'olive en filet tout en mixant, ajoute le jus de citron et mixe encore. Assaisonne avec du sel et du poivre du moulin. Réserve ce pesto.

ÉTAPE 3
Dans une casserole d'eau bouillante salée, plonge les penne 7 minutes. Au terme de la cuisson, récupère à l'écumoire les pâtes (ainsi, tu gardes l'eau de cuisson) et fais-les revenir 1 minute à feu vif dans une sauteuse avec 1 à 2 cuillerées à soupe de pesto et 1 cuillerée à soupe d'eau de cuisson des pâtes. Mélange bien.

ÉTAPE 4
Répartis les penne dans les assiettes, parsème de parmesan, ajoute le zeste de citron finement râpé et des feuilles de basilic.

FAIT MAISON SALÉ

LÉGUMES CUISINÉS AUX ÉPICES, ŒUF CASSÉ

TEMPS DE PRÉPARATION : 20 MINUTES - TEMPS DE CUISSON : 30 MINUTES

POUR 4 PERSONNES

- 2 petites courgettes
- 2 petites aubergines
- 4 œufs
- 1 oignon
- 2 gousses d'ail
- 1 brin de thym
- 200 g de coulis de tomates
- Paprika en poudre
- Cumin en poudre
- 1 brin de basilic
- Huile d'olive
- Fleur de sel et piment d'Espelette
- Sel fin

CONSEIL

Pour les légumes, tu peux aussi prendre 1 grosse courgette et 1 grosse aubergine si tu n'en trouves pas de petites.

ÉTAPE 1
Préchauffe le four en position gril à 240 °C.

ÉTAPE 2
Lave et coupe en dés d'1 cm de côté les courgettes et les aubergines. Garde-les de côté séparément. Épluche et cisèle l'oignon et l'ail.

ÉTAPE 3
Dans une poêle ou une sauteuse, verse un trait d'huile d'olive, fais revenir l'oignon, ajoute le thym et l'ail, puis les courgettes, mélange. Intègre les aubergines, assaisonne avec du sel fin, du cumin, du paprika et du piment d'Espelette, mélange de nouveau. Laisse s'évaporer l'eau naturelle des légumes, une légère coloration va apparaître. Verse la sauce tomate, mélange légèrement. Laisse cuire 20 minutes.

ÉTAPE 4
Dépose les légumes dans un plat de service qui peut aller au four. Casse les œufs sur les légumes et place le plat sous le gril 2 minutes pour cuire les œufs, les jaunes vont se voiler. Verse un trait d'huile d'olive, parsème de piment d'Espelette, de fleur de sel et de quelques feuilles de basilic. Sers avec du pain grillé à l'huile d'olive.

FAIT MAISON SALÉ

CURRY COCO DE VOLAILLE, POMME VERTE

TEMPS DE PRÉPARATION : 40 MINUTES - TEMPS DE CUISSON : 1 HEURE

POUR 4 PERSONNES

4 blancs de volaille sans peau
1 oignon blanc
1 tige de citronnelle
25 g de gingembre frais
1 gousse d'ail
20 g de curry Madras en poudre
30 cl de lait de coco
50 cl de crème liquide entière
2 grosses pommes de terre
1 pomme verte
Piment d'Espelette
Huile d'olive
Sel fin et poivre du moulin

ÉTAPE 1
Épluche l'oignon blanc, la citronnelle, le gingembre et la gousse d'ail, émince le tout finement et réserve séparément. Fais chauffer une large sauteuse avec un trait d'huile d'olive. Fais revenir l'oignon sans coloration, ajoute le gingembre et la citronnelle, fais cuire pendant 10 minutes. Ajoute le curry, laisse infuser quelques minutes en continuant à cuire doucement sans coloration, puis verse le lait de coco et la crème. Porte à ébullition 5 minutes, puis laisse cuire 20 minutes à petit frémissement (mets un peu d'eau si nécessaire). Au terme de la cuisson, passe la sauce dans une grande sauteuse à l'aide d'une passette fine.

ÉTAPE 2
Lave, épluche et coupe les pommes de terre en petits morceaux. Passe-les dans un saladier d'eau froide, égoutte-les et plonge-les dans la sauce, laisse cuire 10 minutes à feu doux.

ÉTAPE 3
Coupe en morceaux les blancs de volaille et assaisonne-les. Fais chauffer une poêle avec un trait d'huile, puis colore-les sur toutes les faces sans les cuire. Égoutte les morceaux de viande, puis plonge-les dans la sauce curry. Laisse cuire 8 minutes à petit feu.

ÉTAPE 4
Taille des bâtonnets de pomme verte de longueur régulière en gardant de la peau.

ÉTAPE 5
Dépose les morceaux de volaille au centre du plat avec les pommes de terre et la sauce, décore de bâtonnets de pomme verte, parsème d'un peu de piment d'Espelette.

FAIT MAISON SALÉ

VEAU CUISINÉ À LA CRÈME DE MOUTARDE, ASPERGES VERTES ET CHAMPIGNONS

TEMPS DE PRÉPARATION : 20 MINUTES - TEMPS DE CUISSON : 20 MINUTES

POUR 4 PERSONNES

600 g d'escalopes de veau
8 asperges vertes
8 champignons de Paris
1 oignon
30 g de beurre
1 cuil. à soupe de moutarde à l'ancienne
20 cl de crème fraîche
Huile d'olive
Sel fin et poivre du moulin

ÉTAPE 1
Coupe les escalopes de veau en petits cubes. Taille les queues des asperges pour retirer le bout qui est trop dur, taille les pointes à 5 cm de long et le cœur en biseau d'1 cm de large. Lave les champignons, retire leur pied, puis émince-les finement. Épluche et émince l'oignon.

ÉTAPE 2
Dans une sauteuse ou une cocotte, verse un trait d'huile d'olive, laisse chauffer, puis fais suer l'oignon. Ajoute les têtes des asperges en premier, puis les asperges taillées en biseau, laisse cuire 4 à 5 minutes. Intègre les champignons. Laisse cuire encore 6 minutes, mélange, puis débarrasse les légumes dans un plat.

ÉTAPE 3
Verse un trait d'huile d'olive dans la sauteuse ou la cocotte, assaisonne la viande et mets-la à colorer sur toutes les faces à feu vif. Ajoute le beurre, laisse caraméliser et cuire 2 minutes. Remets les légumes, mélange, puis incorpore à la spatule la moutarde à l'ancienne et la crème, assaisonne avec du sel fin et du poivre du moulin. Laisse cuire à petit frémissement quelques minutes.

ÉTAPE 4
Répartis le veau cuisiné dans les assiettes et sers bien chaud.

CONSEIL :
On sert généralement le risotto à la milanaise avec de la moelle cuite dans un petit bouillon avec des aromates mélangés au risotto en fin de cuisson et un os à moelle cuit à 200 °C 8 à 10 minutes.

FAIT MAISON SALÉ

RISOTTO À LA MILANAISE

TEMPS DE PRÉPARATION : 20 MINUTES - TEMPS DE CUISSON : 30 MINUTES

POUR 4 PERSONNES

350 g de riz arborio (riz à risotto)
2 litres de bouillon de volaille
1 pincée d'épices à paella
ou de safran en poudre
ou en pistils
1 échalote ou 1 oignon
1 verre de vin blanc sec
80 g de beurre
200 g de parmesan râpé
Feuilles de basilic
Huile d'olive
Sel fin

ÉTAPE 1

Fais chauffer le bouillon dans une grande casserole et ajoute l'épice de ton choix, laisse infuser sur feu doux. Épluche et cisèle l'oignon ou l'échalote.

ÉTAPE 2

Dans une sauteuse sur feu moyen, verse le riz, mélange quelques secondes et ajoute 1 cuillerée d'huile d'olive, remue à la spatule, ajoute l'échalote ou l'oignon, fais revenir le tout sans coloration. Déglace avec le vin blanc. Laisse réduire.
Verse du bouillon louche par louche en attendant chaque fois qu'il soit bien absorbé. Laisse cuire pendant 18 minutes en remuant et en grattant bien les sucs de cuisson qui se forment sur les bords de la casserole.

ÉTAPE 3

À la fin de la cuisson, incorpore le parmesan râpé et le beurre, mélange bien.
Dépose le risotto dans des assiettes plates, tape dans le fond de l'assiette pour qu'il s'étale.
Décore de feuilles de basilic.

FAIT MAISON SALÉ

POULET AU CITRON FAÇON TAJINE

TEMPS DE PRÉPARATION : 20 MINUTES - TEMPS DE MARINADE : 30 MINUTES
TEMPS DE CUISSON : 20 MINUTES

POUR 4 PERSONNES

4 filets de poulet
1 pincée de safran
ou de curcuma en poudre
1 citron jaune bio
2 oignons
1 quinzaine d'olives violettes
si possible
2 carottes
½ botte de coriandre
ou de persil plat
1 cuil. à soupe de miel
1 poignée d'amandes entières
Huile d'olive
Sel fin et poivre du moulin

ÉTAPE 1
Coupe le poulet en morceaux, dépose-les dans un plat. Verse 3 cuillerées à soupe d'huile d'olive dessus, sale, ajoute le safran ou le curcuma et mélange. Laisse mariner environ 30 minutes. Zeste le citron dans la marinade, intègre les olives. Mélange à nouveau. Coupe le citron en deux, garde une moitié de côté, coupe l'autre moitié en deux dans la marinade. Mélange et poivre.

ÉTAPE 2
Épluche et émince finement les oignons.
Épluche les carottes et coupe-les en rondelles.
Rince et sèche bien les herbes.

ÉTAPE 3
Dans une cocotte ou une grande sauteuse, verse un trait d'huile d'olive, laisse chauffer, puis mets l'oignon à colorer doucement. Ajoute le poulet mariné et la marinade, fais caraméliser à feu vif avec un peu d'huile d'olive s'il en manque. Intègre les carottes, remue bien. Verse un peu d'eau dans le plat de la marinade du poulet et reverse le tout dans le plat de cuisson. Baisse le feu, couvre et laisse cuire 10 à 15 minutes.

ÉTAPE 4
Vérifie la cuisson de la volaille, le jus doit être bien réduit. Ajoute le miel, mélange. Transfère dans un plat de service, parsème de feuilles de coriandre ou de persil et des amandes entières.

FAIT MAISON SALÉ

BOULETTES SAUCE TOMATE BASILIC, PENNE, BURRATA

TEMPS DE PRÉPARATION : 20 MINUTES - TEMPS DE CUISSON : 30 MINUTES

POUR 4 PERSONNES

300 g de viande hachée de bœuf
300 g de viande hachée de porc
500 g de sauce tomate
ou de tomates concassées
1 oignon
1 gousse d'ail
1 brin de thym frais
½ botte de basilic
30 g de parmesan
ou autre fromage râpé
2 œufs
100 g de ricotta ou autre fromage frais
2 cuil. à soupe de persil haché
100 g de pain sans croûte trempé
dans du lait
240 g de penne
2 boules de burrata de 125 g
Huile d'olive
Sel fin et poivre du moulin
Gros sel

ÉTAPE 1
Épluche et émince l'oignon et hache l'ail. Dans une casserole, fais chauffer un trait d'huile d'olive, fais suer l'oignon. Verse les tomates, le thym, l'ail et le basilic, laisse cuire à feu frémissant jusqu'à ce que l'eau des tomates soit évaporée.

ÉTAPE 2
Dans un saladier, dépose les deux viandes hachées, mélange avec le parmesan râpé, les œufs, la ricotta, le persil haché et le pain trempé dans du lait et pressé.

Malaxe et assaisonne avec du sel fin et du poivre du moulin. Forme des boulettes à la main et dépose-les dans une assiette (tu dois obtenir environ 30 boulettes).

ÉTAPE 3
Préchauffe le four à 170 °C. Dans une poêle chaude, verse un trait d'huile d'olive, dépose les boulettes, fais-les bien dorer quelques minutes à feu vif, puis transfère-les dans un plat à four et verse un peu de sauce tomate dessus, enfourne pour 7 minutes.

ÉTAPE 4
Dans une casserole d'eau bouillante salée, plonge les penne, laisse-les cuire 7 minutes.

ÉTAPE 5
Dans la poêle chaude de cuisson des boulettes, dépose 2 à 3 cuillerées à soupe de sauce tomate, égoutte les penne à l'écumoire (et non dans une passoire, car l'eau de cuisson apporte l'amidon qui lie les sauces) et mets-les dans la sauce. Réchauffe 2 minutes, juste pour lier.

ÉTAPE 6
Dans les assiettes creuses, répartis les penne à la sauce tomate, dépose les boulettes et ajoute ½ burrata, un trait d'huile d'olive, quelques feuilles de basilic.

CONSEILS :

Le test pour savoir si ta sauce tomate est prête : dépose 1 cuillerée de sauce dans une assiette, la sauce ne doit plus perdre d'eau sur les bords.
Tu peux remplacer la burrata par de la mozzarella.

FAIT MAISON SALÉ

LASAGNES
À LA BOLOGNAISE

TEMPS DE PRÉPARATION : 20 MINUTES - TEMPS DE CUISSON : 50 MINUTES À 3 H 30

POUR 4 PERSONNES

5 feuilles de lasagnes sèches
400 g de viande hachée de bœuf
1 gousse d'ail
½ oignon
1 carotte
150 g de champignons de Paris
1 brin de basilic
1 brin de thym frais
25 cl de vin rouge
500 g de coulis de tomates
40 g de beurre
40 g de farine
50 cl de lait entier
125 g de parmesan ou autre fromage râpé + 1 morceau de 50 g
Gros sel
Sel fin et poivre du moulin

ÉTAPE 1
Fais cuire les lasagnes à l'eau salée pendant 3 minutes, puis égoutte-les. Épluche et émince l'oignon et l'ail. Épluche la carotte et coupe-la en morceaux. Équeute, lave et émince les champignons. Préchauffe le four à 200 °C.

ÉTAPE 2
Dans une casserole, verse un trait d'huile d'olive, ajoute l'oignon ciselé, fais revenir, ajoute les carottes, puis les champignons, mélange. Intègre la viande, fais-la bien sauter, assaisonne avec du sel, du poivre, l'ail, le basilic, laisse cuire 5 à 6 minutes, attention à ne pas trop caraméliser. Déglace avec le vin rouge, ajoute le thym et la sauce tomate. Laisse cuire le plus longtemps possible à feu très doux (jusqu'à 3 heures).

ÉTAPE 3
Dans une autre casserole, fais fondre le beurre, ajoute la farine, mélange et fais cuire 8 minutes pour faire un roux blond sans coloration. Verse le lait en remuant. Incorpore tout le parmesan râpé, mélange et garde de côté.

FAIT MAISON SALÉ

CONSEIL :
Tu peux utiliser 2 boîtes de tomates concassées à la place du coulis, et prendre le fromage de ton choix à la place du parmesan.

(suite de la recette)

ÉTAPE 4

Dans le plat, dépose une couche de viande cuisinée, nappe de béchamel, puis une couche de lasagnes, puis de nouveau de la viande, de la béchamel, une nouvelle couche de pâtes, nappe de béchamel et parsème de parmesan fraîchement râpé.

Enfourne pour 20 minutes jusqu'à ce que le dessus soit légèrement grillé.

LASAGNES À LA BOLOGNAISE

ET VOILÀ, C'EST PRÊT !

FAIT MAISON SALÉ

RIZ SAUTÉ AUX SAUCISSES ET MERGUEZ

TEMPS DE PRÉPARATION : 30 MINUTES - TEMPS DE CUISSON : 25 MINUTES

POUR 4 PERSONNES

260 g à 520 g de riz cuit à l'avance (170 g de riz cru)
2 saucisses (chipolatas) et 2 merguez
2 carottes
1 échalote ou 1 petit oignon
200 g de feuilles ou pousses d'épinards ou 1 salade effeuillée
4 feuilles de chou vert ou chou chinois ou pak choï
15 cl de sauce soja ou 30 g de miel
2 cuil. à soupe de ketchup maison (recette p. 52) ou du commerce
2 blancs d'œufs
Quelques feuilles de coriandre fraîche
Huile d'olive
Sel fin et poivre du moulin ou piment d'Espelette

ÉTAPE 1
Coupe les saucisses et les merguez en morceaux d'1 à 2 cm de long. Dans un wok ou une sauteuse, fais chauffer un trait d'huile d'olive, puis fais cuire les saucisses et les merguez pour bien colorer la viande, entre 8 et 10 minutes.

ÉTAPE 2
Épluche et émince l'échalote. Épluche et coupe les carottes en deux dans la longueur, puis en petits morceaux de 0,5 cm d'épaisseur, ajoute-les à la viande, mélange, ajoute les feuilles d'épinards, mélange de nouveau. Roule les feuilles de chou ensemble, coupe-les en lanières fines de 0,5 cm de large, intègre-les à la cuisson et laisse cuire 5 minutes.

ÉTAPE 3
Mélange le riz cuit avec la sauce soja et le ketchup. Verse sur la viande et les légumes. Assaisonne et mélange délicatement en continuant de chauffer à feu moyen.

ÉTAPE 4
Dans un bol, bats les blancs d'œufs pour qu'ils soient juste mousseux, verse-les dans une poêle avec un trait d'huile d'olive et fais cuire en omelette avec une légère coloration. Quand elle est cuite, roule l'omelette dans la poêle, dépose-la sur une planche et coupe-la en lanières d'1 cm de large. Ajoute-les dans le riz cuisiné. Mélange délicatement.

ÉTAPE 5
Transfère le riz dans les assiettes ou un plat, décore de quelques feuilles de coriandre.

CONSEILS :

Pour un riz sauté au poulet, remplace les saucisses et merguez par 3 blancs de volaille. Tu peux utiliser du concentré de tomate à la place du ketchup.

FAIT MAISON SALÉ

GRATIN DAUPHINOIS, CŒUR DE LAITUE ET VINAIGRETTE ACIDULÉE

TEMPS DE PRÉPARATION : 20 MINUTES - TEMPS DE CUISSON : 50 MINUTES

POUR 4 PERSONNES

1 kg de pommes de terre
75 cl de lait entier
20 cl de crème liquide entière
1 brin de thym
4 cœurs de laitues
Le jus de 2 citrons jaunes
Vinaigre blanc d'alcool (facultatif)
Huile d'olive
Sel fin et poivre du moulin
ou piment d'Espelette

ÉTAPE 1
Préchauffe le four à 180 °C. Pèle et coupe les pommes de terre en deux dans la longueur, puis en rondelles de 0,5 cm d'épaisseur, ne les rince pas.

ÉTAPE 2
Fais chauffer le lait et la crème dans une grande casserole, ajoute le thym effeuillé, sale et poivre. Intègre les pommes de terre, mélange délicatement et porte à ébullition.

ÉTAPE 3
Prépare une vinaigrette à base de jus de citron et d'huile d'olive qui servira à assaisonner les cœurs de laitues.

ÉTAPE 4
Transfère les pommes de terre dans un plat à gratin avec le liquide et le thym. Enfourne pour 30 à 40 minutes. Surveille régulièrement le gratin dauphinois pour éviter que le dessus brûle.

ÉTAPE 5
Retire à la main les grandes feuilles des laitues pour ne garder que les cœurs, qui feront 15 à 16 cm de diamètre ouverts. Mets-les à tremper dans de l'eau bien froide avec une pointe de vinaigre blanc d'alcool (si tu as) ou un peu de jus de citron jaune, puis égoutte-les délicatement sur un torchon. Coupe la racine au couteau, retourne-les et dépose-les dans les assiettes creuses, assaisonne avec la vinaigrette, du sel, du poivre ou du piment d'Espelette.

ÉTAPE 6
Sers le gratin dauphinois bien chaud avec la salade, une viande ou un poisson.

CONSEIL :
Pour tester la cuisson du gratin dauphinois, une pointe de couteau devra s'enfoncer sans difficulté.

FAIT MAISON SALÉ

POISSON PANÉ AUX HERBES, KETCHUP MAISON

TEMPS DE PRÉPARATION : 20 MINUTES - TEMPS DE CUISSON : 20 MINUTES

POUR 4 PERSONNES

4 morceaux de poisson blanc au choix
Herbes fraîches (persil ou autre)
Chapelure de pain de mie sèche
2 citrons jaunes bio
150 g de farine
2 blancs d'œufs
Huile d'olive
10 g de beurre
Sel fin et poivre du moulin

Pour le ketchup maison :
500 g de tomates concassées en boîte
30 g de sucre
35 g de miel d'acacia
70 g de vinaigre balsamique blanc
1 gousse d'ail
1 petit piment oiseau
100 g de gingembre frais
1 pincée de sel

ÉTAPE 1
Prépare le ketchup : verse le sucre et le miel dans une casserole, laisse caraméliser, déglace avec le vinaigre, laisse réduire, puis ajoute l'ail pelé, le piment et le gingembre épluché, laisse cuire 1 minute, incorpore les tomates concassées et 1 pincée de sel. Laisse compoter 15 minutes à feu très doux. Au terme de la cuisson, retire le gingembre, l'ail et le piment. Mixe et garde de côté.

ÉTAPE 2
Effeuille le persil et hache-le finement. Mélange-le avec la chapelure et un zeste de citron râpé, verse dans une assiette assez large. Mets la farine dans une deuxième assiette et les blancs d'œufs assaisonnés avec du sel et du poivre dans une troisième assiette. Passe le poisson dans la farine, puis dans les blancs d'œufs et enfin dans la chapelure.

ÉTAPE 3
Dans une poêle, fais chauffer un trait d'huile d'olive, puis dépose les morceaux de poisson panés, laisse un peu colorer, puis ajoute le beurre et laisse cuire et dorer des deux côtés, 6 à 8 minutes.

ÉTAPE 4
Sers les poissons panés avec le ketchup maison et des quartiers de citron jaune.

FAIT MAISON SALÉ

POISSON AU FOUR À L'HUILE D'OLIVE, VIERGE DE LÉGUMES

TEMPS DE PRÉPARATION : 20 MINUTES - TEMPS DE CUISSON : 30 MINUTES

POUR 4 PERSONNES

4 pavés de poisson de 110 g à 120 g chacun
100 g de petits pois frais
4 brins de thym frais
25 cl de bouillon de légumes
100 g de tomates cerise ou de tomates concassées
1 petit brocoli
1 dizaine d'olives vertes dénoyautées
Le jus d'1 citron jaune
15 cl d'huile d'olive
Piment d'Espelette ou piment en poudre
Fleur de sel et sel fin

ÉTAPE 1
Fais cuire les petits pois dans une casserole d'eau bouillante salée, 5 minutes. Égoutte-les sous l'eau froide et réserve.

ÉTAPE 2
Préchauffe le four à 180 °C.

ÉTAPE 3
Dans un plat pouvant aller sur le feu, verse un trait d'huile d'olive, laisse chauffer, puis dépose les pavés de poisson salés, fais-les colorer d'un côté quelques minutes à feu moyen. Ajoute le thym effeuillé et le bouillon de légumes. Enfourne le plat pour 8 à 10 minutes.

ÉTAPE 4
Pendant ce temps, coupe les tomates cerise en quartiers, mélange-les avec les petits pois cuits, les petites sommités de brocoli cru et les olives coupées en quatre. Ajoute le jus de citron, verse l'huile d'olive à mi-hauteur, assaisonne avec de la fleur de sel et du piment.

ÉTAPE 5
Quand les poissons sont cuits, sors le plat du four, dépose les poissons dans un plat ou dans les assiettes, puis répartis la vierge de légumes dessus et sers aussitôt.

FAIT MAISON SALÉ

SAUMON AU BOUILLON THAÏ, RIZ AUX PETITS POIS

TEMPS DE PRÉPARATION : 30 MINUTES - TEMPS DE CUISSON : 40 MINUTES

POUR 4 PERSONNES

- 4 morceaux de saumon
- 500 g de riz basmati cuit (150 g de riz cru)
- 50 g de petits pois cuits
- 6 champignons de Paris
- 1 échalote
- 1 gousse d'ail
- 10 g de gingembre frais
- 1 tige de citronnelle fraîche
- 1 cuil. à café de pâte de curry vert
- 25 cl de bouillon de volaille
- 25 cl de lait de coco
- Le zeste et le jus d'1 citron vert bio
- 1 cuil. à café de sauce nuoc-mâm
- 1 cuil. à café de sucre
- Le zeste d'1 citron jaune bio
- Quelques feuilles de coriandre ou une autre herbe au choix
- Huile d'olive
- Sel fin et poivre du moulin

ÉTAPE 1
Équeute, lave et taille les champignons en escalopes. Épluche et émince l'échalote et l'ail. Épluche le gingembre et coupe-le en rondelles. Coupe finement en biseau la tige de citronnelle. Réserve le tout séparément. Préchauffe le four à 170 °C.

ÉTAPE 2
Dans une casserole, verse un trait d'huile d'olive, fais revenir 1 minute l'échalote, la citronnelle, le gingembre, la pâte de curry vert et mélange. Intègre les champignons et l'ail, laisse cuire 3 à 5 minutes sans coloration. Verse le bouillon, porte à ébullition et ajoute le lait de coco et le zeste du citron vert. Laisse cuire 15 minutes.

ÉTAPE 3
Préchauffe le four à 170 °C. Sale les morceaux de poisson, fais-les colorer dans une poêle des deux côtés. Verse le bouillon sur les poissons, puis enfourne, 3 minutes pour une cuisson nacrée et 6 minutes pour un poisson un peu plus cuit.

ÉTAPE 4
Réchauffe le riz et les petits pois dans une sauteuse avec un peu d'huile d'olive.

ÉTAPE 5
Dans un ramequin, mélange le jus de citron vert avec la sauce nuoc-mâm et le sucre.

ÉTAPE 6
Passe le bouillon à la passette fine dans une casserole et mélange sur feu doux avec un peu de sauce, vérifie l'assaisonnement.

ÉTAPE 7
Dans les assiettes creuses, dépose du riz, le poisson dessus et coule du bouillon, décore de feuilles de coriandre et de zestes de citron jaune.

CONSEIL :
Tu peux préparer le bouillon la veille, il faudra juste le faire réchauffer.

FAIT MAISON
SUCRÉ

FAIT MAISON SUCRÉ

COOKIES AUX DEUX CHOCOLATS

TEMPS DE PRÉPARATION : 20 MINUTES - TEMPS DE REPOS : 30 MINUTES
TEMPS DE CUISSON : 10 MINUTES

POUR 20 COOKIES

190 g de chocolat au lait
190 g de chocolat noir
120 g de sucre cassonade
120 g de sucre semoule
300 g de farine
6 g de levure chimique
175 g de beurre doux mou
1 œuf

CONSEIL

Si tu souhaites diviser en 2 les proportions (car cela fait trop de cookies), bats l'œuf et garde la moitié pour les cookies. La moitié restante, tu peux la rajouter dans une omelette.

ÉTAPE 1

Sors le beurre à l'avance du réfrigérateur pour le ramollir. Hache les chocolats finement au couteau, réserve.

ÉTAPE 2

Dans un saladier, verse les deux sucres, la farine et la levure, ajoute ensuite le beurre mou coupé en cubes, puis l'œuf, mélange et incorpore les chocolats.

ÉTAPE 3

Sur une feuille de silicone ou un papier sulfurisé, forme un boudin de pâte de 5 cm de diamètre. Saupoudre d'un peu de farine pour éviter que la pâte colle au papier et aux doigts. Mets à reposer 30 minutes au frais.

ÉTAPE 4

Préchauffe le four à 170 °C. Sors la pâte à cookies du réfrigérateur. Coupe des tranches d'environ 2,5 cm d'épaisseur. Dispose les cookies espacés sur une plaque de cuisson recouverte de papier sulfurisé et enfourne pour 10 minutes.

ÉTAPE 5

Déguste tiède ou froid.

CONSEIL :
Conserve les cookies dans une boîte hermétique, dans un endroit à température ambiante au sec.

FAIT MAISON SUCRÉ

MOUSSE AU CHOCOLAT, CACAHUÈTES CARAMÉLISÉES

TEMPS DE PRÉPARATION : 30 MINUTES - TEMPS DE CUISSON : 10 MINUTES
TEMPS DE RÉFRIGÉRATION : 2 HEURES

POUR 4 PERSONNES

140 g de chocolat noir
40 g de chocolat au lait
15 cl de lait entier
30 cl de crème liquide entière bien froide
75 g de cacahuètes grillées salées
35 g de sucre
2 cl d'eau

CONSEIL

Garde les cacahuètes caramélisées dans une boîte hermétique, dans un endroit à température ambiante au sec. L'idéal est de les préparer au jour le jour. Tu peux de la même façon caraméliser des pistaches, noisettes, noix de cajou, pignons de pin…

ÉTAPE 1
Place un saladier dans le congélateur.

ÉTAPE 2
Concasse les chocolats s'ils sont en gros morceaux et dépose-les dans un saladier. Fais chauffer le lait. Verse progressivement le lait chaud sur les chocolats concassés, en émulsionnant le mélange au fouet, l'appareil doit être bien lisse.

ÉTAPE 3
Monte la crème liquide entière froide bien mousseuse dans le saladier rafraîchi. Mélange une partie de la crème avec le chocolat, puis verse le tout sur le reste de la crème. Mélange et coule aussitôt dans un plat. Réserve au frais pendant 2 heures.

ÉTAPE 4
Dans une casserole, verse l'eau et le sucre, porte à ébullition, ajoute les cacahuètes. Mélange les cacahuètes, puis laisse cuire doucement pour les caraméliser. Dès qu'elles ont la couleur blonde, débarrasse sur une feuille de silicone ou du papier sulfurisé sur un plan de travail solide (l'idéal étant inox ou marbre). Laisse bien refroidir avant de les concasser.

ÉTAPE 5
Sors le plat de mousse au chocolat du réfrigérateur et parsème de cacahuètes caramélisées. Sers.

FAIT MAISON SUCRÉ

BEIGNETS AUX POMMES

TEMPS DE PRÉPARATION : 10 MINUTES - TEMPS DE CUISSON : 8 À 10 MINUTES

POUR 4 PERSONNES

2 à 3 pommes à cuire
200 g de farine
50 g de sucre
2 cuil. à soupe d'huile végétale
1 pincée de sel fin
1 œuf + 1 blanc
30 cl de lait
Cannelle en bâton ou en poudre
5 cl de rhum ambré
Huile végétale pour la friture
Sucre glace

ÉTAPE 1
Prépare une casserole d'huile à frire assez large, une assiette avec du papier absorbant et une écumoire.

ÉTAPE 2
Dans un saladier, mélange la farine, le sucre, les 2 cuillerées à soupe d'huile, le sel fin, l'œuf entier et le blanc. Délaye la pâte avec le lait à l'aide d'un fouet. Parfume la pâte à la cannelle et au rhum.

ÉTAPE 3
Épluche les pommes, retire l'intérieur avec un vide-pommes, coupe-les en tranches fines de moins de 0,5 cm (ou retire ensuite au couteau d'office le cœur de la pomme).

ÉTAPE 4
À l'aide d'une pince, plonge les tranches de pomme dans la pâte à beignets, plonge-les ensuite dans l'huile de friture chaude jusqu'à ce qu'elles dorent. Quand tu les plonges, ne les lâche pas directement, sinon elles colleront au fond, il faut attendre quelques secondes. Retourne-les pendant la cuisson. Au terme de la cuisson, égoutte-les sur un papier absorbant et saupoudre-les de sucre glace.

FAIT MAISON SUCRÉ

PANCAKES À LA BANANE, SAUCE CARAMEL

TEMPS DE PRÉPARATION : 20 MINUTES - TEMPS DE REPOS : 15 MINUTES
TEMPS DE CUISSON : 12 MINUTES

POUR 4 PERSONNES

2 bananes
250 g de farine
30 g de sucre semoule
1 sachet de levure
1 pincée de sel fin
2 œufs
65 g de beurre doux
30 cl de lait entier
Huile de pépins de raisin

Pour la sauce caramel :
200 g de sucre semoule
23 cl de crème liquide entière
4 g de fleur de sel

ÉTAPE 1
Dans un saladier, mélange la farine, le sucre, la levure et le sel fin. Ajoute les œufs, mélange, puis verse le beurre préalablement fondu, mélange, verse doucement le lait en remuant. Laisse reposer 15 minutes à température ambiante.

ÉTAPE 2
Dans une casserole, verse le sucre, laisse-le cuire à feu moyen jusqu'à ce qu'il soit caramel blond foncé, puis déglace avec la crème bouillante, ajoute la fleur de sel. Redonne un bouillon, passe à la passette et garde le caramel de côté dans la casserole pour le tiédir.

ÉTAPE 3
Épluche et coupe les bananes en rondelles pas trop fines. Réserve.

ÉTAPE 4
Dans une crêpière ou des poêles à blinis, étale un peu d'huile avec un papier absorbant pour éviter les excédents de graisse. Verse la pâte petit à petit en disques de 10 cm de diamètre, laisse colorer et, quand des bulles commencent à apparaître à la surface, retourne les pancakes à l'aide d'une petite spatule. Laisse dorer de l'autre côté, environ 1 minute.

ÉTAPE 5
Quand les pancakes sont dorés des deux côtés, mets-les dans les assiettes. Recouvre-les de rondelles de banane et verse dessus la sauce caramel tiède à la cuillère.

FAIT MAISON SUCRÉ

BISCUIT ROULÉ CHOCOLAT NOISETTE

TEMPS DE PRÉPARATION : 40 MINUTES - TEMPS DE CUISSON : 5 MINUTES

POUR 4 PERSONNES

225 g de chocolat au lait
Pâte à tartiner maison
ou du commerce
3 œufs entiers + 2 jaunes
6 blancs d'œufs
220 g de sucre semoule
85 g de farine
50 g de noisettes
2,5 cl d'huile de tournesol
5 g de beurre doux

ÉTAPE 1
Beurre une plaque silicone à rebord ou un papier sulfurisé que tu poses sur une plaque à pâtisserie. Dépose un saladier avec le chocolat haché dans une casserole d'eau chaude pour faire le chocolat du glaçage, et prépare un autre bain-marie avec le pot de pâte à tartiner pour la ramollir, afin de napper le biscuit roulé.

ÉTAPE 2
Dans un saladier, monte les jaunes d'œufs, les œufs entiers et 135 g de sucre au ruban, puis ajoute la farine à la maryse. Réserve. Dans un second saladier, monte les blancs d'œufs fermes avec le reste de sucre (85 g) pour qu'ils forment à la fin comme un bec d'oiseau. Mélange les deux appareils délicatement à la maryse.

ÉTAPE 3
Préchauffe le four à 210 °C. Coule l'appareil sur la plaque beurrée. Étale-le bien à l'aide d'une spatule. Enfourne pour 5 minutes.

FAIT MAISON SUCRÉ

CONSEIL :
À la place des noisettes du glaçage,
tu peux mettre des amandes,
des pistaches, de la noix de coco râpée,
ou même garder le chocolat nature.

(suite de la recette)

ÉTAPE 4
Hache les noisettes. Torréfie-les quelques minutes dans le four.

ÉTAPE 5
À la sortie du four, laisse reposer le biscuit 1 minute, puis dépose un torchon humide sur le plan de travail et retourne le biscuit dessus pour conserver le moelleux. Taille les bords du biscuit pour obtenir un rectangle net. Nappe-le de pâte à tartiner préalablement chauffée à l'aide d'une spatule. Roule le biscuit sans trop serrer pour ne pas le casser.

ÉTAPE 6
Ajoute l'huile et les noisettes torréfiées au chocolat fondu du glaçage et mélange. Verse le glaçage sur le roulé, place au frais pour que le glaçage refroidisse légèrement mais pas plus de 30 minutes. Dépose le roulé dans un plat.

BISCUIT ROULÉ CHOCOLAT NOISETTE

CONSEIL :
Roule le biscuit sans trop le serrer,
sinon, tu risques de l'abîmer.

FAIT MAISON SUCRÉ

BROWNIE AUX NOIX DE PÉCAN CARAMÉLISÉES

TEMPS DE PRÉPARATION : 15 MINUTES - TEMPS DE CUISSON : 50 MINUTES

POUR 4 PERSONNES

60 g de chocolat au lait
100 g de chocolat noir + 40 g de chocolat noir en petits morceaux
120 g de beurre + pour le moule
2 œufs
150 g de sucre
40 g de farine
2 pincées de fleur de sel

Pour les noix de pécan caramélisées :
125 g de noix de pécan
80 g de sucre
20 g d'eau

ÉTAPE 1
Préchauffe le four à 180 °C. Beurre un moule et dépose au fond une feuille de papier froissé à la forme du moule.

ÉTAPE 2
Caramélise d'abord les noix de pécan : dans une casserole, verse l'eau et le sucre, porte à ébullition. Au bout de quelques minutes, quand ça commence à blondir, ajoute les noix de pécan, mélange en veillant à bien les enrober. Débarrasse sur une feuille de silicone ou du papier sulfurisé, sur une plaque à pâtisserie. Quand les noix de pécan seront bien froides, coupe au couteau en morceaux.

ÉTAPE 3
Dans une casserole d'eau chaude, dépose un saladier avec le beurre le chocolat au lait et 100 g de chocolat noir, mélange pour obtenir un chocolat fondu bien homogène.

ÉTAPE 4
Dans un saladier, bats les œufs avec le sucre, puis ajoute le mélange au chocolat. Incorpore la farine et la fleur de sel. Ajoute les noix de pécan caramélisées en morceaux. Mélange doucement, puis intègre le reste de chocolat noir en morceaux (40 g) pour faire des pépites.

ÉTAPE 5
Verse dans le moule et enfourne pour 35 à 40 minutes.

CONSEIL

Tu peux aussi faire fondre le chocolat au micro-ondes avec le beurre.

FAIT MAISON SUCRÉ

PAIN PERDU AUX FRAMBOISES

TEMPS DE PRÉPARATION : 15 MINUTES - TEMPS DE CUISSON : 15 MINUTES

POUR 4 PERSONNES	

2 barquettes de 125 g de framboises
4 tranches de brioche épaisses
ou pain assez épais
25 cl de lait
30 g de sucre
1 œuf
20 g de beurre

ÉTAPE 1
Dans un saladier, fouette le lait, 10 g de sucre et l'œuf. Imbibe les tranches de brioche 3 à 4 minutes.

ÉTAPE 2
Fais chauffer une poêle avec du beurre, laisse-le colorer légèrement, dépose les tranches de brioche imbibées, ajoute un peu de sucre. Fais caraméliser d'un côté, retourne, ajoute un peu de sucre, et caramélise l'autre côté.

ÉTAPE 3
Dans une seconde poêle, verse les framboises, 1 cuillerée à soupe d'eau et 10 g de sucre, écrase un peu les framboises, laisse cuire 30 secondes à feu vif.

ÉTAPE 4
Dépose les tranches de brioche dans les assiettes, puis répartis les framboises dessus.

FAIT MAISON SUCRÉ

TARTE AUX FRAISES

TEMPS DE PRÉPARATION : 25 MINUTES - TEMPS DE RÉFRIGÉRATION : 30 MINUTES
TEMPS DE CUISSON : 30 MINUTES - TEMPS DE REPOS : 20 MINUTES

POUR 4 PERSONNES

250 g à 500 g de fraises
10 g de beurre pour le moule

Pour la pâte sucrée au zeste de citron :
30 g de poudre d'amandes
50 g de fécule de maïs
180 g de farine
1 g de fleur de sel
90 g de sucre glace
95 g de beurre pommade
1 citron jaune bio
1 œuf

Pour la crème d'amande :
95 g de beurre pommade
120 g de poudre d'amandes
95 g de fécule de maïs
1 œuf

Pour la crème pâtissière :
25 cl de lait entier
1 zeste de citron jaune
6 feuilles de basilic
3 jaunes d'œufs
40 g de sucre
30 g de fécule de maïs
25 g de beurre froid

ÉTAPE 1
Prépare la pâte sucrée dans un robot multifonction, au batteur muni d'une feuille ou à la main dans un saladier : mélange la poudre d'amandes, la fécule, la farine, la fleur de sel et le sucre glace. Ajoute le beurre pommade. Râpe le zeste du citron jaune. Mélange de nouveau et incorpore l'œuf, laisse battre doucement. Retire la pâte du batteur et dépose-la sur un papier sulfurisé. Replie le papier et place au frais 15 minutes.

ÉTAPE 2
Pour la crème d'amande, dépose dans un saladier le beurre pommade, puis dessus la poudre d'amandes et la fécule, mélange, incorpore l'œuf. Mélange de nouveau. Réserve au frais.

ÉTAPE 3
Pour la crème pâtissière, fais chauffer le lait avec le zeste de citron et les feuilles de basilic dans une casserole. Dans un saladier, fouette les jaunes d'œufs avec le sucre jusqu'à ce que le mélange blanchisse, ajoute la fécule. Verse le lait chaud dessus à travers une passette sans cesse de fouetter, puis reverse dans la casserole et laisse cuire doucement en remuant à la spatule jusqu'à épaississement. Débarrasse la crème dans un saladier, incorpore le beurre coupé en petits cubes, mélange, filme au contact et mets au frais.

FAIT MAISON SUCRÉ

(suite de la recette) **TARTE AUX FRAISES**

ÉTAPE 4

Fais fondre et refroidir le beurre pour beurrer le moule. Préchauffe le four à 180 °C en chaleur tournante. Dépose une plaque à pâtisserie au frais.

ÉTAPE 5

Étale la pâte au rouleau entre deux feuilles de papier sulfurisé à 2 mm d'épaisseur et remets 15 minutes au frais sur la plaque à pâtisserie froide pour qu'elle soit bien plate. Pendant ce temps, équeute les fraises, coupe-les en deux dans la longueur.

ÉTAPE 6

Étale la pâte au fond du moule à tarte, recouvre de crème d'amande et enfourne pour 25 minutes. Démoule, laisse refroidir 15 à 20 minutes. Sors la crème pâtissière du frais pour qu'elle revienne à température ambiante.

ÉTAPE 7

Nappe la tarte de crème pâtissière sur 0,5 cm d'épaisseur, puis range harmonieusement les fraises dessus.

CONSEILS

- Un beurre pommade est un beurre qu'on a sorti préalablement du réfrigérateur 1 heure avant l'utilisation. Il est ainsi mou et facile à travailler comme une pommade.

- Lave les fraises avec précaution pour qu'elles ne se gorgent pas d'eau. Fais-le au dernier moment. Dépose-les sur un papier absorbant.

CONSEIL :
Si tu n'aimes pas la fleur d'oranger, tu peux parfumer la crème légère avec 1 pincée de cannelle en poudre.

FAIT MAISON SUCRÉ

SALADE DE FRAISES
À LA FLEUR D'ORANGER, CRÈME LÉGÈRE

TEMPS DE PRÉPARATION : 30 MINUTES - TEMPS DE CUISSON : 10 MINUTES

POUR 4 PERSONNES

200 g de fraises
50 cl de lait entier
3 jaunes d'œufs
80 g de sucre
¼ de gousse de vanille
30 g de fécule de maïs
Eau de fleur d'oranger
20 cl de crème liquide entière bien froide
1 citron jaune bio

ÉTAPE 1
Place deux saladiers dans le congélateur. Fais chauffer le lait dans une casserole. Dans un saladier, fouette les jaunes d'œufs avec le sucre et les graines de la gousse de vanille fendue et grattée, jusqu'à ce que le mélange blanchisse, ajoute la fécule. Verse le lait chaud dessus sans cesse de fouetter, puis reverse dans la casserole et laisse cuire doucement en remuant à la spatule jusqu'à épaississement. Parfume à la fleur d'oranger, puis débarrasse la crème dans le saladier rafraîchi et mets au frais.

ÉTAPE 2
Équeute les fraises, coupe-les en deux. Dans le deuxième saladier rafraîchi, monte la crème bien froide en crème fouettée.

ÉTAPE 3
Mixe ou mélange au fouet la crème pâtissière, puis incorpore la crème fouettée à l'aide d'une maryse.

ÉTAPE 4
Dépose la crème dans le fond des bols et les fraises dans le même sens. Râpe par-dessus le zeste du citron jaune.

FAIT MAISON SUCRÉ

CLAFOUTIS AUX POIRES

TEMPS DE PRÉPARATION : 20 MINUTES - TEMPS DE CUISSON : 30 MINUTES

POUR 4 PERSONNES

200 g de poires
1 brin de romarin
4 œufs
130 g de sucre
110 g de farine + 10 g pour le moule
6 g de levure chimique
70 g de beurre + 20 g pour la cuisson et le moule
4 cuil. à soupe d'eau + 20 cl d'eau
20 g de sucre vanillé
1 orange ou 1 citron vert ou 1 citron jaune bio

ÉTAPE 1
Préchauffe le four à 180 °C. Beurre et farine un moule à gâteau.

ÉTAPE 2
Épluche les poires et coupe-les en morceaux. Mets-les à colorer 10 minutes à feu moyen dans une poêle avec 1 noix de beurre et le romarin. Garde de côté.

ÉTAPE 3
Fais fondre le beurre. Dans un saladier, fouette les œufs avec le sucre jusqu'à obtenir un mélange bien homogène. Incorpore la farine, la levure chimique, puis le beurre fondu et refroidi, et 4 cuillerées à soupe d'eau.

ÉTAPE 4
Verse la pâte dans le moule et ajoute les poires après avoir retiré le romarin. Enfourne le clafoutis pour 17 minutes, il doit être doré. Vérifie la cuisson avec la pointe d'un couteau d'office, qui doit ressortir gras mais sans pâte. Réserve dans le moule sur une grille.

ÉTAPE 5
Pendant ce temps, verse 20 cl d'eau dans une casserole, le sucre vanillé, le zeste râpé et la moitié du jus de l'orange. Fais bouillir. Laisse refroidir.

ÉTAPE 6
Verse un peu de sirop sur le clafoutis. Passe une spatule autour et démoule-le dans une assiette, si possible à l'endroit, et arrose encore de sirop.

CONSEIL

Fais toi-même ton sucre vanillé en mélangeant 20 g de sucre semoule avec les graines d'¼ de gousse de vanille fendue et grattée.

CONSEIL :
Tu peux réaliser un financier aux poires en remplaçant simplement les framboises par la même quantité de dés de poire préalablement poêlés dans du beurre et un peu de sucre.

FAIT MAISON SUCRÉ

FINANCIER AUX FRAMBOISES

TEMPS DE PRÉPARATION : 12 MINUTES - TEMPS DE CUISSON : 45 MINUTES

POUR 4 PERSONNES

125 g de framboises fraîches
100 g de beurre doux
+ pour le moule
60 g de farine + pour le moule
90 g de poudre d'amandes
150 g de sucre glace
1 pincée de sel fin
½ gousse de vanille
4 blancs d'œufs

CONSEILS

• Garde la gousse et fais plus tard un sucre vanillé.

• Pour le beurre noisette, il faut chauffer une poêle préalablement. Pose des carrés de beurre dans ta poêle chaude, fais tourner le beurre dans ta poêle. Il va mousser et crépiter. Quand il arrête de mousser, il devient doré. Il faut stopper tout de suite la cuisson et le déposer dans un ramequin blanc (comme ça tu vois la couleur blonde). Il peut rester des résidus, cela fait partie du beurre noisette et se consomme.

ÉTAPE 1
Préchauffe le four à 185 °C. Beurre et farine un moule à manqué ou autre.

ÉTAPE 2
Dans une poêle, dépose le beurre et fais-le fondre jusqu'à obtenir une couleur noisette. Dans un saladier, mélange la farine, la poudre d'amandes, le sucre glace et le sel fin. Fends la gousse de vanille en deux à l'aide d'un couteau d'office et gratte l'intérieur pour récupérer la pulpe, intègre-la dans la pâte. Incorpore les blancs d'œufs un à un à l'aide d'un fouet. Verse enfin le beurre noisette sans cesser de remuer.

ÉTAPE 3
Verse la pâte dans le moule. Ajoute les framboises à l'envers et enfourne pour 40 minutes.

ÉTAPE 4
Au terme de la cuisson, attends quelques minutes, fais le tour du moule à l'aide d'un couteau rond ou d'une petite spatule, démoule le financier à l'endroit sur une assiette. Déguste-le tiède ou froid.

FAIT MAISON SUCRÉ

SOUPE DE CHOCOLAT AU LAIT, GLACE VANILLE

TEMPS DE PRÉPARATION : 15 MINUTES - TEMPS DE CUISSON : 10 MINUTES

POUR 4 PERSONNES

300 g de chocolat au lait
60 cl de crème liquide entière froide
4 boules de glace vanille

ÉTAPE 1
Place un saladier dans le congélateur.
Hache ou casse en morceaux le chocolat dans un saladier.

ÉTAPE 2
Dans une casserole, fais chauffer 20 cl de crème liquide entière. Verse sur le chocolat et mélange à l'aide d'une spatule jusqu'à ce que le mélange soit bien lisse.

ÉTAPE 3
Monte en chantilly le reste de crème liquide bien froide dans le saladier rafraîchi. Mélange un quart de la crème au chocolat, puis incorpore délicatement le reste de la chantilly à la maryse pour obtenir une mousse.

ÉTAPE 4
Au moment de servir, verse la mousse dans une casserole, fais chauffer doucement et émulsionne au fouet. Sers cette soupe sur une boule de glace à la vanille.

CONSEIL

Tu peux changer de parfum de glace en fonction de tes envies.

FAIT MAISON SUCRÉ

BROCHETTES DE BANANES CARAMÉLISÉES AUX ÉPICES DOUCES

TEMPS DE PRÉPARATION : 10 MINUTES - TEMPS DE CUISSON : 12 MINUTES

POUR 4 PERSONNES

4 petites bananes ou 3 grosses
60 g de sucre semoule
12,5 cl de crème liquide entière
Le jus d'1 citron vert
Cannelle en bâton ou en poudre
1 anis étoilé

ÉTAPE 1
Trempe des piques à brochettes en bois de 15 cm de long dans de l'eau pour éviter qu'ils noircissent à la cuisson.

ÉTAPE 2
Épluche et coupe les bananes en morceaux de 2 à 3 cm de long. Pique-les sur les brochettes. Garde de côté dans une assiette.

ÉTAPE 3
Dans une poêle, forme un caramel avec le sucre et 2 cuillerées à soupe d'eau. Dès qu'il est bien doré, verse la crème liquide, ajoute le jus de citron et laisse cuire quelques minutes à feu doux pour obtenir un caramel bien crémeux. Ajoute la cannelle et l'anis étoilé pour parfumer. Réserve.

ÉTAPE 4
Dans la poêle avec le caramel, dépose les brochettes de bananes et arrose-les de caramel, laisse caraméliser quelques minutes à feu moyen. Place dans les assiettes avec un peu de caramel.

CONSEIL :
C'est normal que les blancs en neige
gonflent au micro-ondes.
Tu peux faire un test avec 1 blanc
en neige d'environ 5 cm
de hauteur avant de faire chauffer
une assiette entière.

FAIT MAISON SUCRÉ

ŒUFS EN NEIGE AU CITRON VERT, CRÈME ANGLAISE À LA VANILLE

TEMPS DE PRÉPARATION : 15 MINUTES - TEMPS DE CUISSON : 15 MINUTES

POUR 4 PERSONNES

30 cl de lait entier
3 jaunes d'œufs
120 g de sucre
½ gousse de vanille
4 blancs d'œufs
1 zeste de citron vert

ÉTAPE 1
Fais chauffer le lait dans une casserole. Dans un saladier, fouette les jaunes d'œufs avec 70 g de sucre et les graines de la gousse de vanille fendue et grattée, jusqu'à ce que le mélange blanchisse. Verse le lait chaud dessus sans cesse de fouetter, puis reverse dans la casserole et laisse cuire doucement en remuant à la spatule jusqu'à ce que la crème soit nappante : elle doit recouvrir le dos de la spatule. Garde-la au frais dans un saladier.

ÉTAPE 2
Tends un film alimentaire sur une assiette. Monte les blancs d'œufs dans un saladier et verse le reste de sucre. Quand ils commencent à être meringués, arrête de fouetter et râpe le zeste de citron vert, finis de monter quelques instants : les blancs ne doivent pas être complètement fermes, ils doivent être crémeux.

ÉTAPE 3
Dépose sur l'assiette filmée 2 grosses cuillerées de blancs montés et passe au micro-ondes 25 secondes à 850 W. Réserve et renouvelle l'opération avec tous les blancs.

ÉTAPE 4
Dans les assiettes, verse la crème anglaise, puis dépose dessus les blancs en neige. Râpe si tu le souhaites 1 citron vert bio.

FAIT MAISON SUCRÉ

PETITS POTS DE CRÈME À LA VANILLE

TEMPS DE PRÉPARATION : 10 MINUTES - TEMPS DE CUISSON : 40 MINUTES
TEMPS DE RÉFRIGÉRATION : 1 À 2 HEURES

POUR 4 PERSONNES

10 cl de lait entier
45 cl de crème liquide entière
5 jaunes d'œufs
90 g de sucre semoule
2 gousses de vanille

CONSEIL

Tu peux aussi utiliser directement du sucre vanillé si tu n'as pas de gousses de vanille.

ÉTAPE 1
Préchauffe le four à 120 °C. Prépare une plaque à pâtisserie.

ÉTAPE 2
Dans un saladier, fouette le lait, les jaunes d'œufs et la crème. Fends les gousses de vanille en deux dans la longueur, gratte la pulpe avec les graines et mélange-la au sucre. Ajoute le sucre vanillé au mélange précédent.

ÉTAPE 3
Verse l'appareil dans les pots. Si tu as du film alimentaire, filme-les hermétiquement, mais ce n'est pas une obligation. Dépose les pots sur la plaque du four et laisse cuire 40 minutes.

ÉTAPE 4
Au terme de la cuisson, retire le film délicatement et mets les petits pots de crème au frais (pendant 1 à 2 heures) avant de servir.

FAIT MAISON SUCRÉ

BISCUIT COULANT AU CHOCOLAT

TEMPS DE PRÉPARATION : 10 MINUTES - TEMPS DE CUISSON : 6 MINUTES

POUR 4 PERSONNES

110 g de chocolat noir
110 g de beurre
60 g de farine
150 g de sucre
4 œufs
Beurre et farine pour le moule ou les moules individuels

CONSEILS

• Tu peux aussi te servir du micro-ondes pour faire fondre le chocolat, mets ensuite le beurre dans le chocolat chaud et mélange. Ou même faire fondre le chocolat avec le beurre au micro-ondes.
Si tu as pris un grand plat, sers 2 cuillerées de biscuit dans les assiettes à dessert.

• Si tu utilises un plat familial, enfourne-le 20 minutes.

ÉTAPE 1
Préchauffe le four à 190 °C. Beurre et farine les petits moules.

ÉTAPE 2
Dans une casserole d'eau chaude, dépose un saladier, fais fondre le beurre avec le chocolat au bain-marie. Retire le saladier de la casserole. Ajoute la farine et le sucre. Mélange.

ÉTAPE 3
Bats les œufs en omelette dans un bol. Verse-les petit à petit dans le mélange précédent en remuant.

ÉTAPE 4
Dans chaque moule individuel, verse 120 g de pâte et enfourne pour 6 minutes. Démoule à l'envers et remets à l'endroit dans les assiettes ou déguste directement dans les petits pots.

FAIT MAISON SUCRÉ

CAKE MARBRÉ AU CHOCOLAT

TEMPS DE PRÉPARATION : 20 MINUTES - TEMPS DE CUISSON : 45 MINUTES

POUR 4 PERSONNES

Pour la pâte à la vanille :
1 gousse de vanille
130 g de sucre
30 g de beurre
5 jaunes d'œufs
7 cl de crème liquide entière
100 g de farine
2 g de levure chimique

Pour la pâte au chocolat :
20 g de cacao en poudre
30 g de beurre
4 jaunes d'œufs
110 g de sucre
6 cl de crème liquide entière
90 g de farine
2 g de levure chimique
Beurre et farine pour le moule

ÉTAPE 1
Préchauffe le four à 165 °C. Beurre et farine un moule à cake.

ÉTAPE 2
Pour la pâte à la vanille, fends la gousse de vanille dans la longueur, gratte la pulpe avec les graines, mets le tout dans le sucre pour lui donner un goût de vanille.
Dans une casserole, fais fondre le beurre.
Dans un saladier, fouette les jaunes d'œufs avec le sucre vanillé. Ajoute la crème liquide, puis la farine et la levure, fouette de nouveau. Incorpore le beurre fondu. Garde de côté.

ÉTAPE 3
Pour la pâte au chocolat, fais fondre le beurre dans la même casserole. Dans un saladier, fouette les jaunes d'œufs avec le sucre et le cacao.
Ajoute la crème liquide, puis la farine et la levure. Incorpore enfin le beurre fondu. Garde de côté.

ÉTAPE 4
Dans le moule, verse la moitié de la pâte à la vanille, puis la pâte au chocolat, puis la moitié restante de la pâte à la vanille. Avec une maryse, forme des marbrures. Enfourne pour 45 minutes.
Vérifie la cuisson avec la pointe d'un petit couteau : quand il sort gras sans pâte, c'est que le cake est cuit, démoule-le et dépose-le sur une grille.

FAIT MAISON SUCRÉ

CRUMBLE SANS GLUTEN POMMES CANNELLE

TEMPS DE LA PRÉPARATION : 20 MINUTES - TEMPS DE CUISSON : 35 MINUTES

POUR 4 PERSONNES

5 pommes reine des reinettes
30 g de beurre doux
30 g de sucre semoule
Cannelle en poudre ou 1 bâton
200 g de farine de riz
65 g de poudre d'amandes
25 g de sucre de canne
145 g de beurre demi-sel froid
20 g d'eau
4 cuil. à soupe de crème crue

ÉTAPE 1
Sors le beurre doux à l'avance du réfrigérateur pour qu'il soit pommade.
Préchauffe le four à 180 °C en chaleur tournante. Épluche et coupe les pommes en morceaux.

ÉTAPE 2
Dans une poêle ou dans le plat de cuisson s'il le permet, verse le sucre et mets à chauffer doucement pour former un caramel à sec, ajoute le beurre, la cannelle et les pommes en morceaux. Mélange et laisse caraméliser. Transfère si nécessaire dans un plat allant au four.

ÉTAPE 3
Malaxe du bout des doigts la farine, la poudre d'amandes, le sucre de canne, le beurre demi-sel froid coupé en petits cubes et 20 g d'eau. Forme une pâte homogène et dépose-la en morceaux sur les fruits. Enfourne pour 35 minutes.

ÉTAPE 4
À la sortie du four, dépose le plat au centre de la table, ainsi que les assiettes à dessert avec 1 cuillerée de crème crue sur le côté.

FAIT MAISON SUCRÉ

GRAINES DE CHIA AU LAIT DE COCO, FRUITS DE SAISON

TEMPS DE PRÉPARATION : 20 MINUTES - TEMPS DE REPOS : 1 NUIT

POUR 4 PERSONNES

3 cuil. à soupe de graines de chia
25 cl de lait de coco
3 oranges
200 g de fraises
1 pomme rouge
½ melon
100 g de framboises
1 cuil. à café de miel de bourdaine

ÉTAPE 1
Dans un saladier, verse 20 cl de lait de coco avec les graines de chia, mélange doucement et filme. Garde au frais une nuit.

ÉTAPE 2
Le matin, pèle à vif les oranges et coupe les suprêmes, garde-les de côté. Équeute les fraises et coupe-les en deux. Coupe la pomme en bâtonnets. Prépare le melon en enlevant la peau et en coupant des morceaux.

ÉTAPE 3
Mélange les graines de chia qui sont dans le lait de coco, ajoute les 5 cl de lait de coco. Sucre avec le miel. Répartis dans des assiettes creuses, puis dépose dessus les fruits découpés.

CONSEILS

• Varie les fruits : ajoute des framboises, des morceaux de melon, des poires…

• Utilise le miel que tu as dans ton placard.
Le miel de bourdaine est un miel de fleurs de montagne.

FAIT MAISON SUCRÉ

MOELLEUX AU CHOCOLAT, FRAMBOISES ET GLACE VANILLE

TEMPS DE PRÉPARATION : 30 MINUTES - TEMPS DE CUISSON : 20 MINUTES

POUR 4 PERSONNES

100 g de chocolat noir
125 g de framboises
100 g d'amandes entières sans peau (blanchies)
100 g de beurre doux + 10 g pour le moule
100 g de farine
1 pincée de sel fin ou de fleur de sel
10 cl de lait entier
110 g de sucre
Glace vanille

CONSEIL

Tu peux remplacer les amandes par des noisettes ou des noix de pécan.

ÉTAPE 1

Préchauffe le four à 190 °C. Beurre un moule à gâteau.

ÉTAPE 2

Dans un robot multifonction ou au blender, hache les amandes et le chocolat (tu peux les hacher grossièrement avant de les mettre dans le robot), verse dans un saladier, ajoute le beurre, la farine, le sel fin, le lait et 100 g de sucre, mélange bien. Coule dans le moule à gâteau et enfourne pour 20 minutes.

ÉTAPE 3

Dans un saladier, écrase les framboises avec le reste de sucre.

ÉTAPE 4

Quand le gâteau est moelleux sous le doigt, sers-le à la cuillère avec 1 cuillerée de framboises compotées et 1 boule de glace vanille dans chaque assiette.

FAIT MAISON SUCRÉ

MILK-SHAKE FRAISE-BANANE-FRAMBOISE

TEMPS DE PRÉPARATION : 12 MINUTES

POUR 4 PERSONNES

2 bananes
250 g de fraises
100 g de framboises +
12 framboises entières
pour la déco
25 cl de lait entier
25 g de sucre semoule
1 petite poignée de glaçons

ÉTAPE 1
Épluche les bananes. Équeute les fraises et coupe-les en deux.

ÉTAPE 2
Mixe au blender les bananes avec les fraises, le lait et des glaçons.

ÉTAPE 3
Coupe les 12 framboises entières en deux dans la longueur.

ÉTAPE 4
Dans un petit saladier, écrase à la fourchette les 100 g de framboises avec le sucre. Au fond de chaque verre, dépose un peu de framboises écrasées. Verse le mélange bananes-fraises, décore de quelques framboises coupées en deux.

CONSEIL :
Remplace le lait entier par du lait d'amande pour un milk-shake veggie.

FAIT MAISON INDEX PAR PRODUITS

AMANDES
Penne au pesto d'amande et basilic — 30

ASPERGE
Veau cuisiné à la crème de moutarde, asperges vertes et champignons — 36

AUBERGINE
Légumes cuisinés aux épices, œuf cassé — 32

AVOCAT
Toast à l'avocat, œuf mollet et légumes du printemps — 10

BANANE
Brochettes de bananes caramélisées aux épices douces — 90
Milk-shake fraise-bananes-framboise — 106
Pancakes à la banane, sauce caramel — 68

BASILIC
Boulettes sauce tomate basilic, penne, burrata — 42
Penne au pesto d'amande et basilic — 30

BŒUF
Boulettes sauce tomate basilic, penne, burrata — 42
Lasagnes à la bolognaise — 45
Salade de bœuf mariné — 25

BRIOCHE/PAIN
Pain perdu aux framboises — 77

BROCOLI/CHOU-FLEUR
Poisson au four à l'huile d'olive, vierge de légumes — 55
Wok de légumes croquants et quinoa — 8

CACAHUÈTES
Mousse au chocolat, cacahuètes caramélisées — 62
Wok de légumes croquants et quinoa — 8

CANNELLE
Crumble sans gluten pommes cannelle — 101

CAROTTE
Velouté de carottes au curcuma, fromage frais et croûtons dorés — 16
Wok de légumes croquants et quinoa — 8

CHAMPIGNONS
Veau cuisiné à la crème de moutarde, asperges vertes et champignons — 36

CHOCOLAT
Biscuit coulant au chocolat — 96
Biscuit roulé chocolat noisette — 71
Brownie aux noix de pécan caramélisées — 74
Cake marbré au chocolat — 98
Cookies aux deux chocolats — 60
Moelleux au chocolat, framboises et glace vanille — 104
Mousse au chocolat, cacahuètes caramélisées — 62
Soupe de chocolat au lait, glace vanille — 89

CITRON JAUNE/VERT
Gratin dauphinois, cœur de laitue et vinaigrette acidulée — 50
Œufs en neige au citron vert, crème anglaise à la vanille — 93
Poulet au citron façon tajine — 41

COURGETTE
Légumes cuisinés aux épices, œuf cassé — 32
Toast à l'avocat, œuf mollet et légumes du printemps — 10

ÉPICES
Brochettes de bananes caramélisées aux épices douces — 90
Curry coco de volaille, pomme verte — 34
Légumes cuisinés aux épices, œuf cassé — 32

FAIT MAISON INDEX PAR PRODUITS

Poulet au citron façon tajine	41
Risotto à la milanaise	39
Saumon bouillon thaï, riz aux petits pois	56
Velouté de carottes au curcuma, fromage frais et croûtons dorés	16

FLEUR D'ORANGER

Salade de fraises à la fleur d'oranger, crème légère	83

FRAISES

Graines de chia au lait de coco, fruits de saison	103
Milk-shake fraise-bananes-framboise	106
Salade de fraises à la fleur d'oranger, crème légère	83
Tarte aux fraises	79

FRAMBOISES

Financier aux framboises	87
Graines de chia au lait de coco, fruits de saison	103
Milk-shake fraise-bananes-framboise	106
Moelleux au chocolat, framboises et glace vanille	104
Pain perdu aux framboises	77

FROMAGE

Boulettes sauce tomate basilic, penne, burrata	42
Croque-monsieur croustillant à la poêle	13
Lasagnes à la bolognaise	45
Macaronis au ragoût à la tomate, mozzarella	29
Soufflé au comté	20
Tartine œuf mimosa, thon et fromage frais	14
Velouté de carottes au curcuma, fromage frais et croûtons dorés	16

GLACE

Moelleux au chocolat, framboises et glace vanille	104
Soupe de chocolat au lait, glace vanille	89

GRAINES DE CHIA

Graines de chia au lait de coco, fruits de saison	103

JAMBON

Croque-monsieur croustillant à la poêle	13
Risotto coquillette jambon	26

NOISETTES

Biscuit roulé chocolat noisette	71

NOIX DE COCO

Curry coco de volaille, pomme verte	34
Graines de chia au lait de coco, fruits de saison	103

NOIX DE PÉCAN

Brownie aux noix de pécan caramélisées	74

ŒUF

Légumes cuisinés aux épices, œuf cassé	32
Œufs en neige au citron vert, crème anglaise à la vanille	93
Soufflé au comté	20
Tartine œuf mimosa, thon et fromage frais	14
Toast à l'avocat, œuf mollet et légumes du printemps	10

OLIVES

Poisson au four à l'huile d'olive, vierge de légumes	55

ORANGE

Graines de chia au lait de coco, fruits de saison	103

PÂTES

Boulettes sauce tomate basilic, penne, burrata	42
Macaronis au ragoût à la tomate, mozzarella	29
Penne au pesto d'amande et basilic	30
Risotto coquillette jambon	26

FAIT MAISON INDEX PAR PRODUITS

PETITS POIS

Poisson au four à l'huile d'olive, vierge de légumes	55
Saumon bouillon thaï, riz aux petits pois	56

POIRE

Clafoutis aux poires	84

POISSON

Poisson au four à l'huile d'olive, vierge de légumes	55
Poisson pané aux herbes, ketchup maison	52

POMME

Beignets aux pommes	65
Crumble sans gluten pommes cannelle	101
Curry coco de volaille, pomme verte	34

POMME DE TERRE

Blinis de pommes de terre, crème acidulée, truite fumée	19
Galette de pommes de terre, salade de roquette et tomates	22
Gratin dauphinois, cœur de laitue et vinaigrette acidulée	50
Wok de légumes croquants et quinoa	8

PORC

Riz sauté aux saucisses et merguez	48

POULET

Curry coco de volaille, pomme verte	34
Poulet au citron façon tajine	41

QUINOA

Wok de légumes croquants et quinoa	8

RIZ

Risotto à la milanaise	38
Riz sauté aux saucisses et merguez	48
Saumon bouillon thaï, riz aux petits pois	56

SALADE

Galette de pommes de terre, salade de roquette et tomates	22
Gratin dauphinois, cœur de laitue et vinaigrette acidulée	50
Salade de bœuf mariné	25

SAUMON/TRUITE

Blinis de pommes de terre, crème acidulée, truite fumée	19
Saumon bouillon thaï, riz aux petits pois	56

THON

Tartine œuf mimosa, thon et fromage frais	14

TOMATE

Boulettes sauce tomate basilic, penne, burrata	42
Galette de pommes de terre, salade de roquette et tomates	22
Lasagnes à la bolognaise	45
Macaronis au ragoût à la tomate, mozzarella	29
Poisson pané aux herbes, ketchup maison	52

VANILLE

Cake marbré au chocolat	98
Moelleux au chocolat, framboises et glace vanille	104
Œufs en neige au citron vert, crème anglaise à la vanille	93
Petits pots de crème à la vanille	95
Soupe de chocolat au lait, glace vanille	89

VEAU

Veau cuisiné à la crème de moutarde, asperges vertes et champignons	36

DÉPARTEMENT ÉDITORIAL ART DE VIE

Recettes et photographies :
Cyril Lignac

Responsable éditoriale :
Laure Aline

Correction :
Christine Cameau

Fabrication :
Mélanie Baligand

Conception et réalisation graphique :
Laurence Maillet

Connectez-vous sur :
www.editionsdelamartiniere.fr

© 2020, Éditions de La Martinière, une marque de la société EDLM
ISBN : 978-2-7324-9616-0

Tous droits de traduction, d'adaptation et de reproduction,
sous quelque forme que ce soit, réservés pour tous pays.

Photogravure : Point 11

Achevé d'imprimer en octobre 2020
sur les presses de Graphycems
Dépôt légal : juin 2020
Imprimé en Espagne